Un beau jour pour être riche

© Éditions Nathan (Paris-France), 2004 pour la première édition
© Éditions Nathan (Paris-France), 2006 pour la présente édition
Conforme à la loi n° 49956 du 16 juillet 1949 sur les publications destinées à la jeunesse
ISBN : 209250983 - 7
N° éditeur : 10127456 - Dépôt légal : avril 2006
Imprimé en France

PATRICE FAVARO

Un beau jour
pour être riche

Illustrations de Renaud Perrin

Nathan

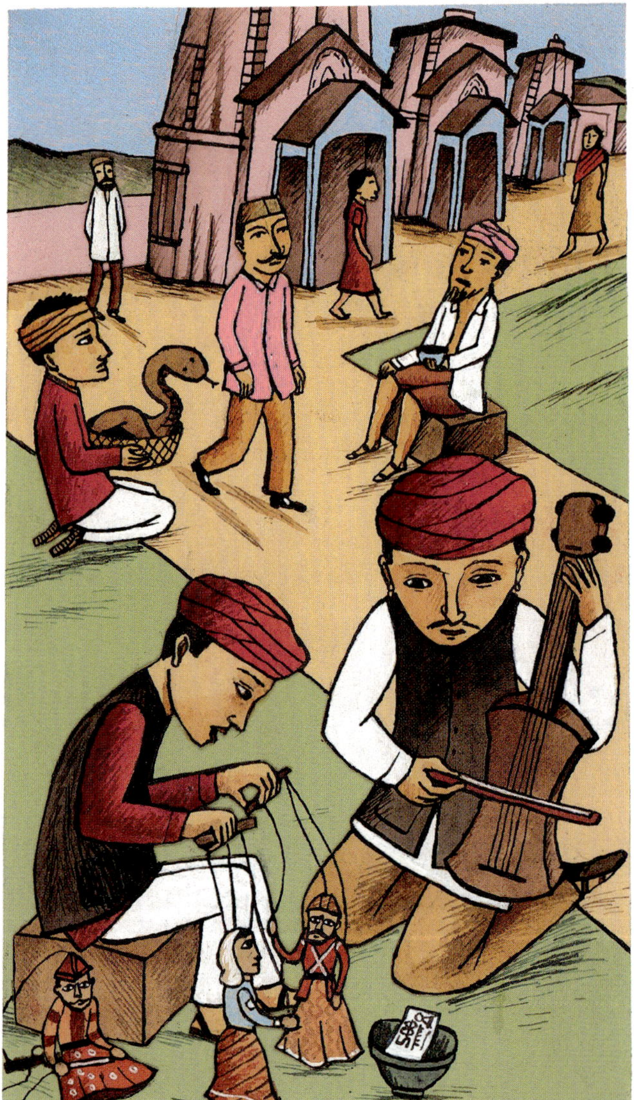

un
500 !

Un billet de cinq cents roupies ! Jagan n'en revenait pas. Une somme aussi importante, aussi incroyable !

Le jeune garçon immobilisa ses marionnettes ; il jeta un regard à Sriram, son père, qui cessa aussitôt de frotter les cordes de son sarangi[1]. Comment un billet pareil avait-il pu atterrir dans le bol posé à leurs pieds ? Les passants qui s'arrêtaient pour regarder danser

---
1. Sorte de violon dont la caisse de résonance est recouverte d'une peau.

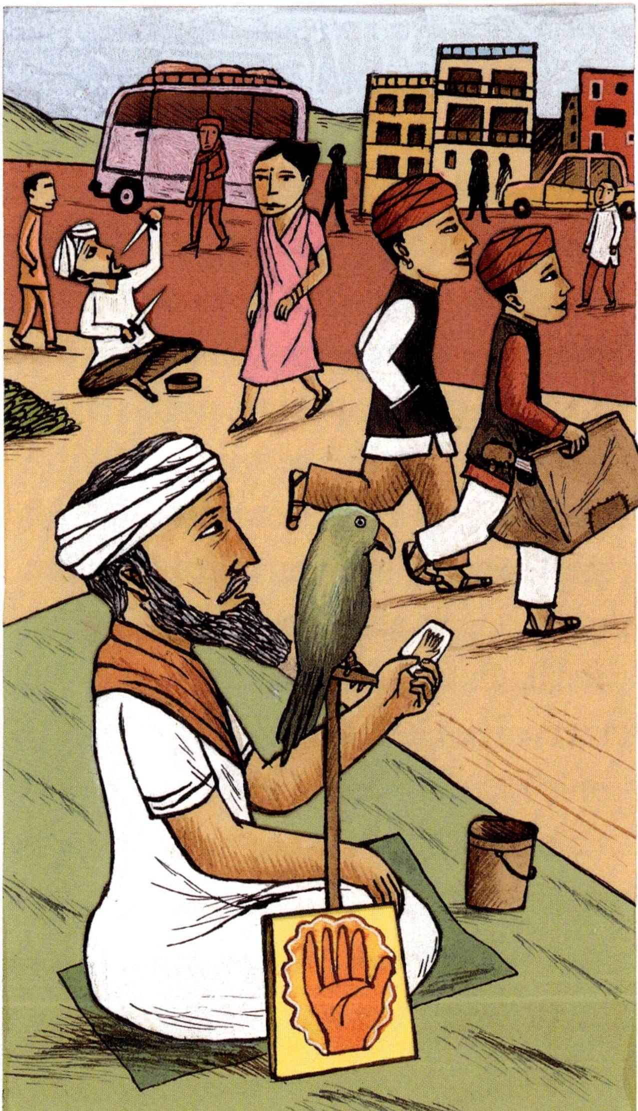

deux

Le vrai du faux

Sriram glissa son sarangi et son archet dans un sac de toile, puis Jagan y rangea ses marionnettes en prenant soin de ne pas emmêler leurs nombreux fils.

— Déjà fini la journée ? leur lança un vieillard assis non loin d'eux.

C'était un diseur de bonne aventure qui avait dressé son perroquet à tirer les cartes.

— Le petit n'est pas très bien, mentit Sriram en lançant un clin d'œil à Jagan.

La tête lui tourne, il a besoin d'un peu de calme.

Le père et le fils s'éloignèrent du temple en empruntant une ruelle qui s'ouvrait devant eux. Ils riaient comme des fous. Sriram se mit même à esquisser des pas de danse au milieu de la chaussée. Jagan n'avait jamais vu son père ainsi. Il commença à battre des mains et à chanter pour l'encourager.

– *Sur le chemin de ton jardin, j'ai vu briller, ma bien-aimée, une perle tombée de ton collier...*

C'était un beau jour. Un sourire monta aux lèvres de Jagan, comme une fleur de lotus s'ouvrant au premier rayon du soleil.

Des gens qui venaient en sens inverse firent un détour pour éviter Sriram virevoltant toujours : ils devaient le croire complètement saoul. Jagan

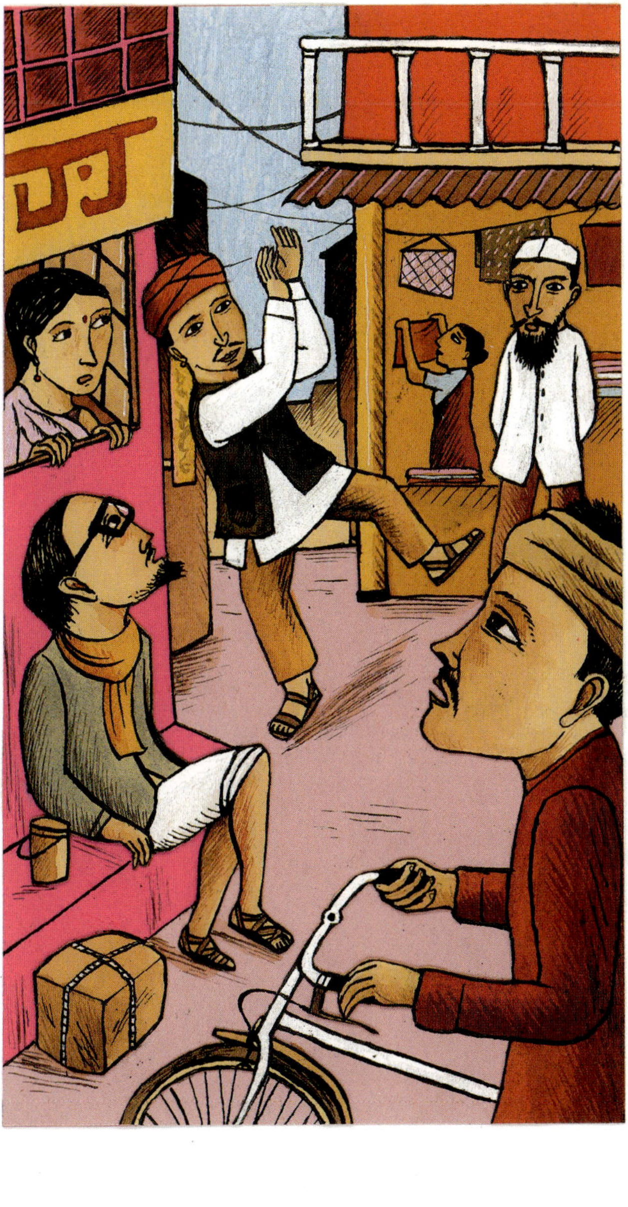

en eut un peu honte, il cessa de chanter, s'assit sur un muret en pierre et posa le balluchon contre lui. Son père ne tarda pas à le rejoindre pour reprendre son souffle. Puis il s'interrogea tout haut.

– Parmi tous ces gens qui se sont arrêtés pour nous écouter et regarder les marionnettes, qui nous a donné ce billet ? Tu as une idée ?

Les badauds avaient été nombreux à défiler devant eux. Jagan essaya de se souvenir de quelques visages, de quelques silhouettes. Était-ce le groupe de touristes qui les avaient mitraillés sous tous les angles avec leurs appareils photo ? Ou bien ce gros bonhomme qui mordillait dans un épi de maïs grillé ? À qui devaient-ils le « 500 roupies » ? Au militaire si fier de ses grosses moustaches en forme de guidon de vélo ? À la timide marchande de ballons ? À l'une des jeunes et belles femmes qui avait revêtu des saris[1] aux couleurs éclatantes pour ce jour de fête ?

Sriram se leva. Écartant largement les bras, il lança à pleine voix :

– Je te remercie, ô généreux inconnu ! Qui que tu sois, homme ou femme, jeune ou vieux, puisses-tu goûter pendant mille ans le miel du bonheur et...

Il s'arrêta brusquement, comme s'il avait heurté un mur invisible. Un doute, un doute affreux venait de lui traverser l'esprit.

– Et si le billet était faux ?

Jagan sentit soudain que des larmes lui montaient aux yeux. Une farce ! Son père avait raison, c'était une sale

---

1. Longue étoffe drapée que portent les femmes indiennes.

blague, bien sûr ! Il ne pouvait y avoir d'autre explication.

Sriram extirpa en hâte le billet de sa veste, sa main tremblait en essayant de le défroisser. Vrai ou faux ? Avant ce jour, il n'avait jamais vu de près un billet de cinq cents. Naturellement, il savait qu'il en existait, qu'il en existait aussi de mille roupies, mais il n'en avait jamais aperçu ailleurs que sur une affichette punaisée à la porte d'un bureau de banque. Et justement, quelqu'un lui avait expliqué – il ne savait pas lire – que des escrocs profitaient des personnes qui ne se méfiaient pas pour utiliser ces billets sans aucune valeur.

Sriram s'écria :

– Vasu ! Il doit savoir !

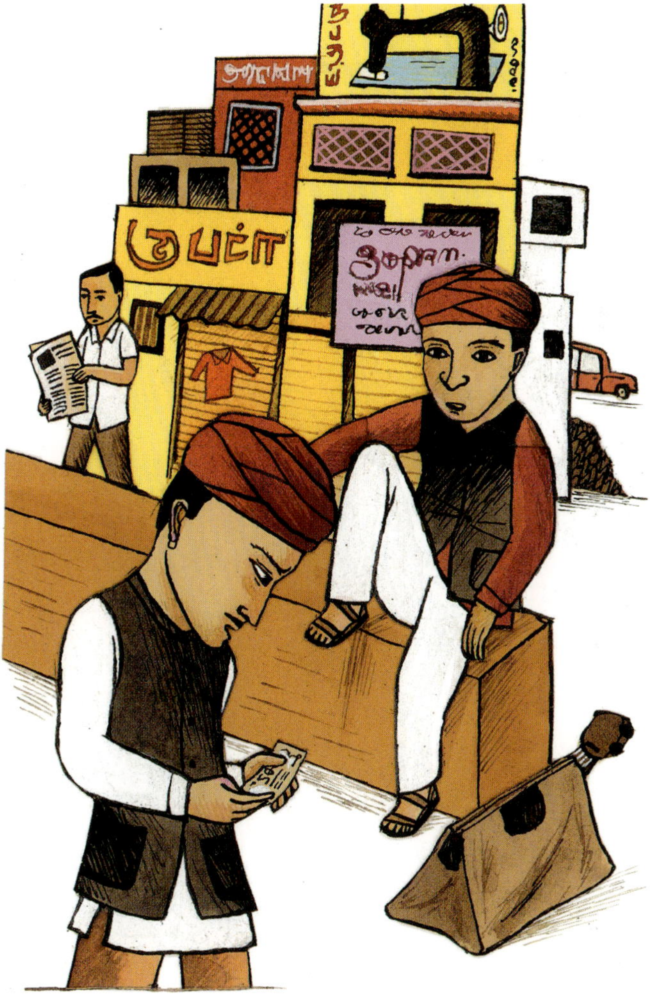

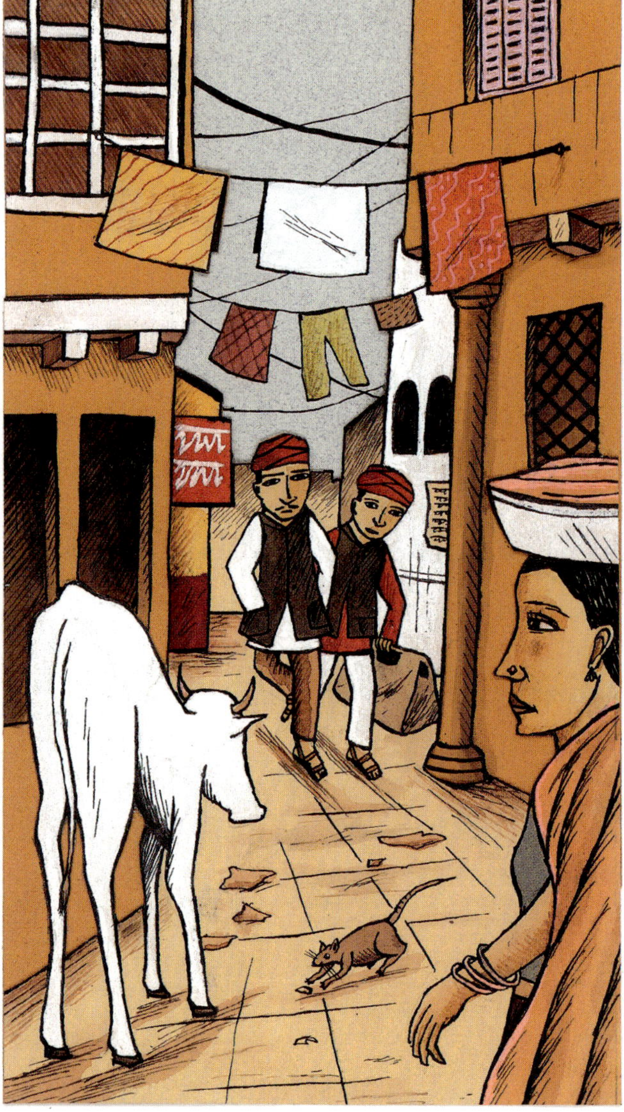

trois

La maison
ne fait pas crédit

O<small>N POUVAIT</small> se fier à l'avis de Vasu en matière d'argent : dans toute la ville, personne ne devait compter ses sous plus souvent que lui.

Jagan poussa un soupir de soulagement et pressa le pas pour rejoindre son père qui s'engageait déjà dans une longue rue sombre et malodorante. Tout au bout, au-dessus d'une porte, pendait une enseigne rouge où était écrit en lettres jaunes :

CUISINE INTERNATIONALE
ICI, PAS DE CRÉDIT

Sriram et Jagan entrèrent l'un après l'autre par la porte étroite. Vasu était en train d'essuyer des gobelets en métal avec un chiffon sale. Il les accueillit avec ses mots habituels :

– Hé ! qu'est-ce qui est le plus plat aujourd'hui ? Votre ventre ou votre porte-monnaie ?

Sriram se laissa tomber sur une chaise, Jagan en fit autant. Le restaurant était minable et crasseux. Pour toute cuisine internationale, Vasu ne savait cuisiner que du riz aux lentilles, assorti de quelques rondelles d'oignon cru et de beaucoup de piment. Une nourriture dont se contentaient Jagan et son père : on ne servait pas de plats moins chers dans tout Manakulu.

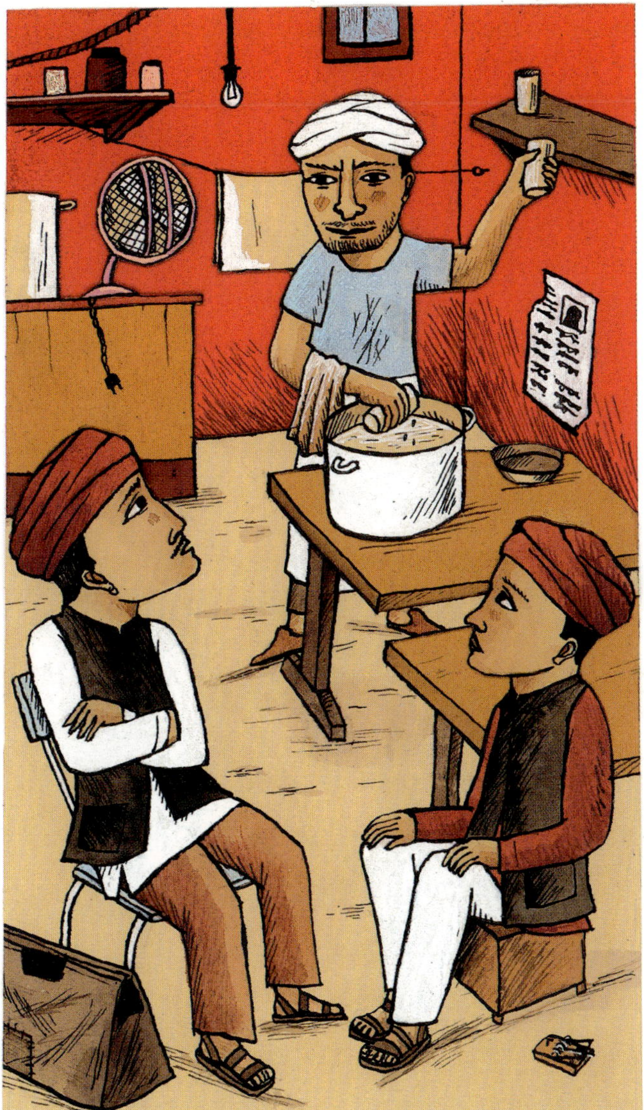

Il n'y avait pas de client dans la salle. Sriram fit un signe à Vasu.

– Regarde ça ! lui dit-il en tendant le « 500 roupies ».

– Hein ? D'où tu sors ça ? Tu l'as volé ? Rempoche ça, je ne veux pas d'embrouilles avec la police, moi !

Jagan sourit : ce Vasu n'était qu'une poule mouillée !

Sriram rassura le cuisinier.

– On nous l'a donné. Un admirateur, ou une admiratrice, je ne sais pas.

– Tu ne sais pas ? s'étonna Vasu. Alors comment peux-tu savoir que c'est quelqu'un qui vous « admire » ?

Il n'avait pu s'empêcher de ricaner en prononçant le dernier mot, cela ne plut pas du tout à Jagan.

– Tu me fatigues avec tes questions, répondit Sriram. Examine plutôt ce billet, et dis-moi si je me suis fait rouler ou non.

Le cuisinier bomba fièrement le torse : on faisait appel à lui en qualité de spécialiste.

Il regretta qu'il n'y ait pas plus de public, il aurait aimé parader aux yeux de tous.

– Voyons, le dessin est bon. L'encre ne déteint pas, c'est bon aussi. La qualité du papier maintenant...

Vasu fit claquer le billet entre son pouce et son majeur, tout près de son oreille.

– Mon vieux...

– Eh bien ? s'impatienta Sriram.

– Imagine un peu ce que vous allez avaler tous les deux grâce à ce billet-là ! Venez vous installer chaque jour à l'une de mes tables. Cinq cents roupies ! Vous voilà abonnés à ma cuisine internationale pour un sacré bout de temps, mes bons amis !

Sriram reprit prestement le billet que le cuisinier s'apprêtait à faire disparaître dans un pli de son tablier.

– Je suis comme toi, Vasu, je ne fais crédit à personne !

Sriram se leva et entraîna Jagan vers la sortie. Avant de franchir la porte, le musicien se retourna vers Vasu qui le regardait en roulant de grands yeux.

– Et on n'est pas tes bons amis !

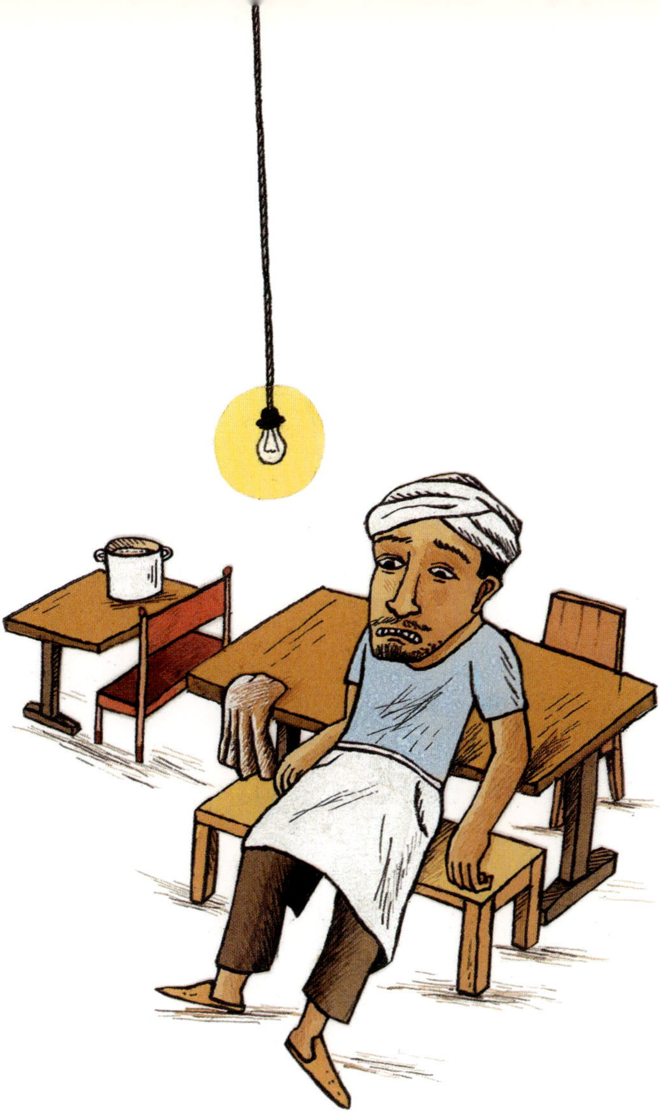

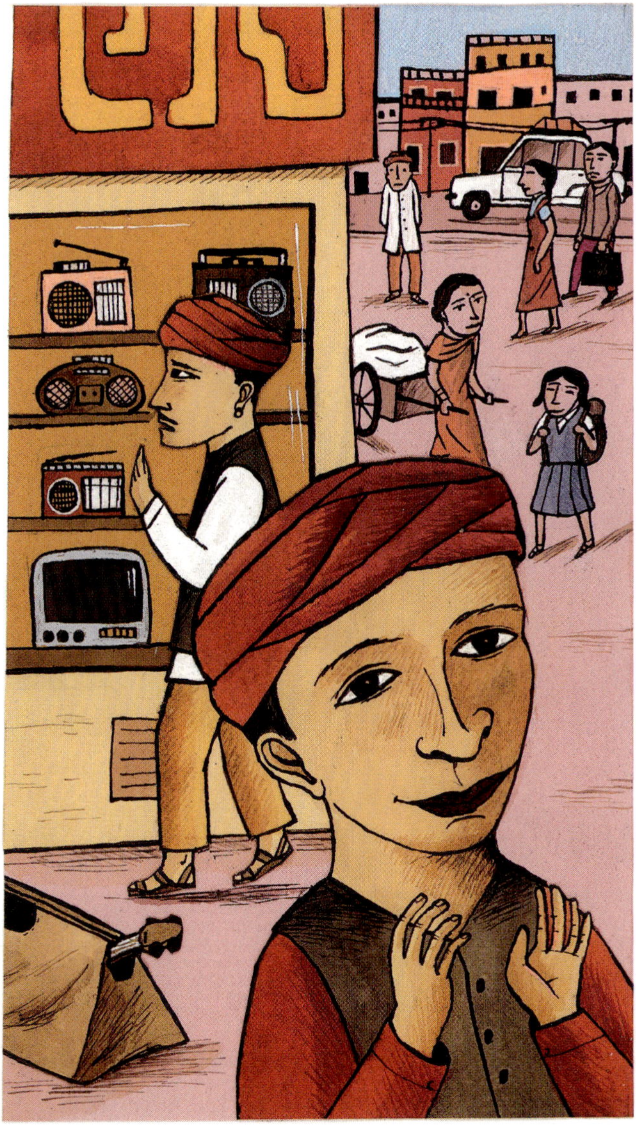

quatre

Sacré bazar !

Dès qu'il fut dehors, Sriram se mit à rire si fort qu'il en attrapa le hoquet pendant plusieurs minutes. Jagan était ravi : son père avait toujours les cinq cents roupies en poche, et il venait de clouer le bec à cet avare qui ne leur avait jamais fait l'avance d'un seul grain de riz.

Sriram redevint soudain pensif.

– Comment allons-nous dépenser cet argent ?

Jagan essaya de réfléchir à la question. Ils pourraient peut-être aller s'attabler à un meilleur restaurant. Un de ceux, par exemple, que fréquentaient les touristes étrangers. Cela ne le tentait guère, ce serait jeter les roupies par les fenêtres et ce n'était pas le genre de son père. Par bonheur, Sriram n'était pas attiré non plus par l'alcool, à la différence de son ami Marga, le montreur de singes. Jagan savait qu'il n'y avait aucun risque de voir l'argent fondre en boisson. Alors ?

Il proposa à son père :

– On pourrait peut-être s'acheter quelque chose ? Quelque chose dont on a toujours rêvé ?

– Oui, mais quoi ?

Jagan et son père examinèrent la question. La proposition n'était pas mauvaise, mais ils n'avaient jamais rêvé à rien qui pût s'acheter. À quoi bon, quand on a toujours les poches vides ! Ils se dirent qu'une idée leur viendrait peut-être s'ils allaient faire un tour du côté du bazar.

Dans la partie de la ville où se trouvaient la plupart des marchands, la circulation était trépidante : autobus poussiéreux, taxis pétaradants, chars tirés par des bœufs affolés, cyclistes téméraires et piétons courageux s'y disputaient les rues. Les boutiques débordaient sur les trottoirs, se répandaient à même la chaussée : des outils, des ustensiles de cuisine, des sacs de riz, de pois secs, des pyramides d'épices, des ballots de laine.

Il y avait bon nombre de marchands ambulants aussi. Dès qu'ils remarquèrent l'intérêt des deux saltimbanques pour les étalages, ils les entourèrent de près. On leur proposa des posters de stars de cinéma, des chaussures qui clignotaient quand on marchait avec, un produit miracle pour éliminer les rats, des lunettes de soleil avec des verres fluorescents, des cassettes vidéo de kung-fu...

Jagan avait le tournis. Il suivait son père qui essayait de distancer les vendeurs, mais ces vautours s'accrochaient obstinément à eux.

– Hé, Sriram, Jagan ! Grimpez par ici si vous voulez échapper à cette meute !

Ils aperçurent Marga, penché au balcon d'un bar situé au premier étage d'un petit immeuble. Deux singes, des macaques au poil roux, étaient juchés sur son épaule. Jagan et Sriram le rejoignirent aussitôt. Les marchands n'osèrent pas les suivre, les singes de Marga avaient la réputation de chaparder tout ce qui se trouvait à leur portée.

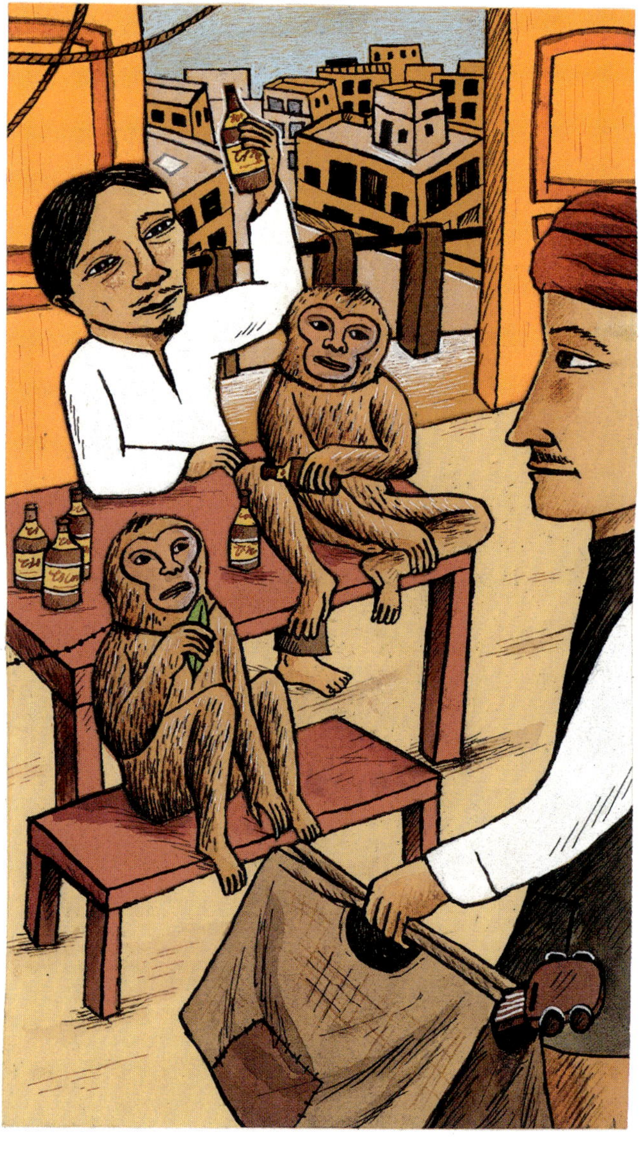

cinq
Monnaie de singe

Les deux macaques firent claquer leurs dents quand les nouveaux venus s'approchèrent de la table de leur maître. Pour calmer ses animaux, le montreur leur donna une bonne tape sur la tête. Il y avait déjà pas mal de bouteilles vides sur la table.

– Tu ne travailles pas ? lui demanda Sriram.

– Oh ! j'ai gagné assez d'argent pour la journée. Si j'en avais plus, je le boirais, je le boirais jusqu'à tomber ivre mort ! Faut que je me surveille. C'est que j'ai deux petites bouches à nourrir, moi !

Les macaques grimacèrent dans son dos comme s'ils avaient compris qu'on parlait d'eux, puis ils se mirent à jouer à saute-mouton. Un tour que leur avait enseigné leur maître et que Jagan appréciait plus que tout : les singes ressemblaient vraiment à deux petits enfants.

– Et puis, avec beaucoup d'argent en poche, continua Marga, je tremblerais à tout instant qu'on me le vole. Alors que là...

Il ne put finir sa phrase et dodelina de la tête. Il n'allait pas tarder à s'écrouler sur la table et à dormir là jusqu'au lendemain.

– Ce que tu dis est sage, mon ami, approuva Sriram.

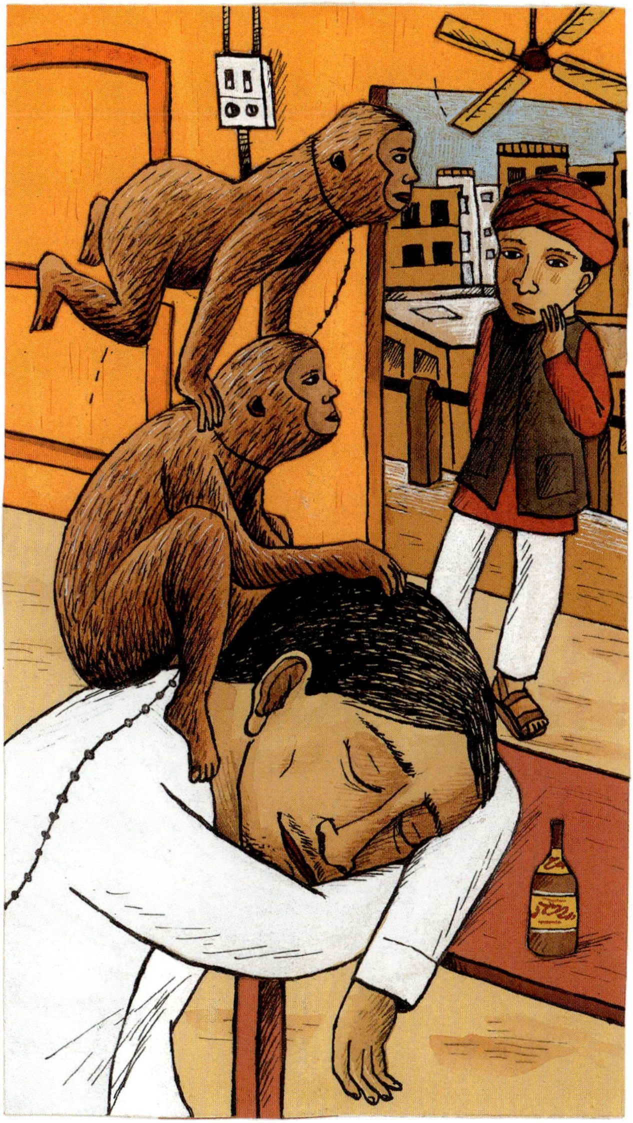

Il prit Marga par l'épaule et le secoua pour le réveiller.

– Oh oui ! ce que tu dis est sage. Merci, merci !

Les singes, croyant que Sriram attaquait leur maître, poussèrent un cri terrible et se jetèrent sur lui. Le musicien fit un bond en arrière pour éviter de justesse leurs crocs acérés. Les bêtes ne purent poursuivre leur attaque, elles étaient retenues par une chaîne à la ceinture de Marga.

Sriram ne se soucia nullement de leurs cris et de leurs gesticulations qui continuaient.

Il dit à son fils :

– C'est vraiment une belle journée !

Puis il fit demi-tour pour quitter le bar. Jagan le suivit en chantonnant son air préféré :

– *Sur le chemin de ton jardin, j'ai vu*

briller, ma bien-aimée, deux perles tombées de ton collier...

Il se sentait heureux comme un fruit baignant dans du sirop de sucre.

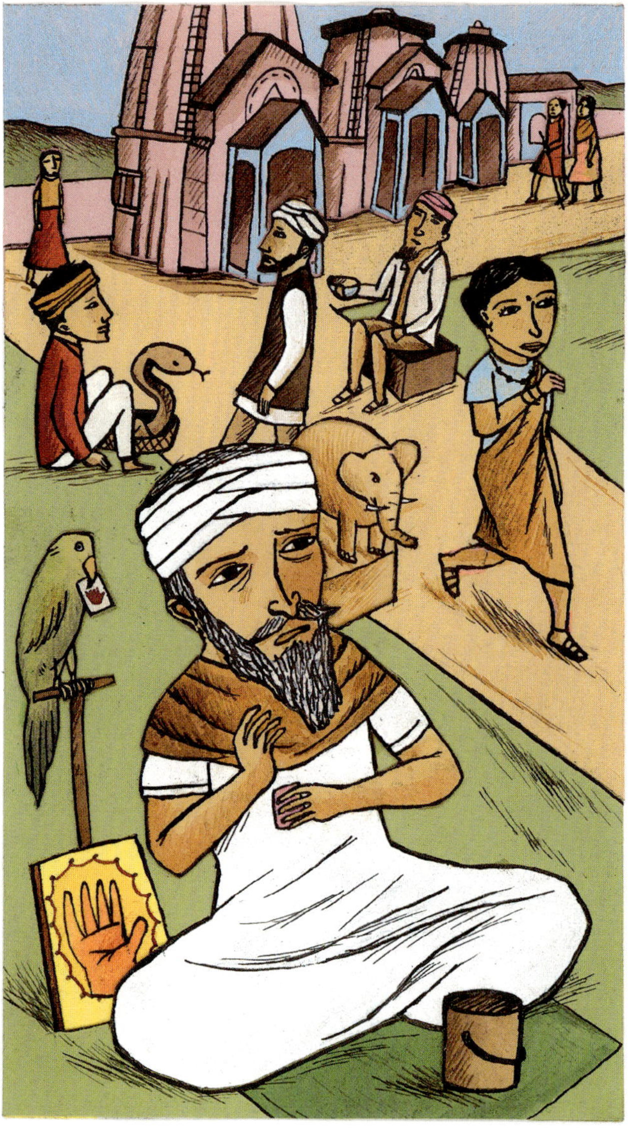

six

Le bonheur
qu'on partage...

Quelques minutes plus tard, ils avaient rejoint les abords du grand temple. La foule y était toujours aussi dense. De tous côtés, les saltimbanques et les mendiants tendaient la main ou l'écuelle. Le vieux diseur de bonne aventure n'avait pas bougé de son poste. Il débitait son boniment sans trop y croire, tandis que son perroquet, une carte coincée dans le bec, se balançait sur son perchoir. Les gens passaient devant sans s'arrêter.

À sa grande stupéfaction, Jagan vit son père qui laissait tomber, sans se faire remarquer, le billet de cinq cents roupies dans le bol à aumône du vieux.

Sriram s'éloigna ensuite, tout tranquillement. Il repéra plus loin un emplacement qui était vacant. Jagan l'aperçut qui lui faisait signe de le rejoindre :

– Arrive par ici, mon fils, on se met là. Ce n'est certainement pas le meilleur endroit pour travailler, mais ça fera l'affaire.

Puis, saisissant le sarangi et son archet, il se mit à jouer.

Jagan tira alors du sac les marionnettes qu'il commença à faire danser devant lui. Il n'y parvenait pas très bien, trop de pensées l'envahissaient, les fils s'embrouillaient. Jagan avait

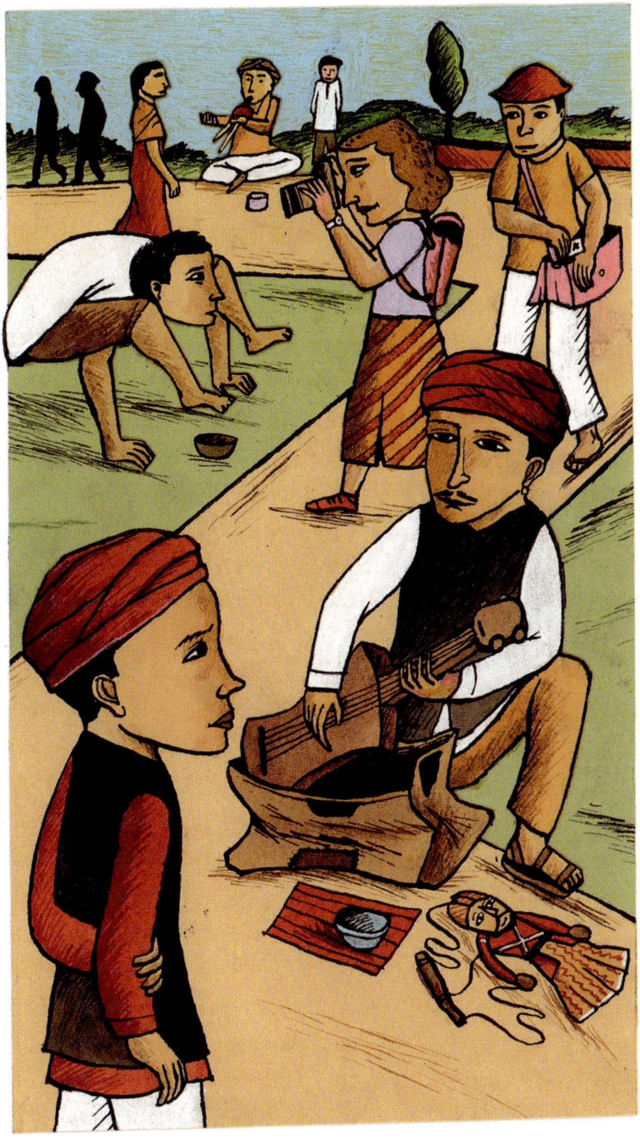

éprouvé un court instant le plaisir d'être riche, pour quelle raison son père l'en avait-il privé si brusquement ? Pourquoi avait-il donné les cinq cents roupies au vieil homme ? Jagan se souvint tout à coup d'une phrase que lui avait enseignée Sriram : « Le bonheur, plus on le partage, plus il grandit. » Il se mit à sourire et son visage s'éclaira : avoir un tel père, c'était cela la véritable richesse ! Sriram avait deviné que le billet avait dû passer en d'innombrables mains avant d'atterrir dans les siennes. Il n'avait pas voulu briser cette chaîne. Si le vieux diseur de bonne aventure avait autant de sagesse que lui, le « 500 roupies » allait continuer à circuler de saltimbanque en saltimbanque, de mendiant en mendiant, de pauvre en pauvre. À tour de rôle, ils seraient tous riches un instant.

Jagan se mit à chanter :
– *Sur le chemin de ton jardin, j'ai vu briller, ma bien-aimée, mille perles tombées de ton collier...*

Ses marionnettes dansaient maintenant à la perfection.

C'était une belle journée. Jagan se sentit heureux, aussi heureux qu'un aveugle qui a recouvré la vue.

Table des matières

un

500 !..5

deux

Le vrai du faux........................9

trois

La maison ne fait pas crédit......17

quatre

Sacré bazar !............................25

cinq

Monnaie de singe.....................31

six

Le bonheur qu'on partage... 37

Patrice Favaro

Les contes et les histoires ressemblent aux chemins : on commence par en suivre un et, bien vite, on tombe sur mille autres. L'envie vous prend alors de tous les explorer. C'est pour cela que Patrice Favaro voyage sans cesse et qu'il écrit. Ses pas le conduisent régulièrement des montagnes de l'Himalaya jusqu'aux îles du Pacifique, en passant par la jungle de Birmanie. Pour avoir une chance de le rencontrer ? C'est très simple : il suffit de se mettre en chemin et de suivre le fil… de ses histoires.

Renaud Perrin

Je suis né dans les Vosges en 1977, puis j'ai étudié l'illustration à l'école des arts décoratifs de Strasbourg. Je vis à Marseille depuis deux ans, où je ne me lasse pas de regarder les passants dans la rue et les poissons dans l'eau, c'est selon la saison.
Je dessine pour la presse adulte (*Le Monde*, *Historia*, etc.), j'ai illustré des livres pour enfants et adultes aux éditions Les Oiseaux de Passage, Passage piétons et Albin Michel. Je fais aussi de la linogravure et, de temps en temps, des décors et costumes pour le théâtre.

Découvre d'autres histoires dans la collection
nathan poche 6-8 ans

Contes

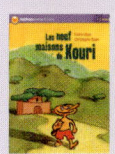

Les neuf maisons de Kouri
de Claire Ubac, illustré par Christophe Blain

La première **maison** de Kouri est douce et tiède comme l'eau où il baigne : c'est le **ventre** de sa **mère**. Il ne veut pas en sortir. Pourtant, un jour, une voix lui dit : « C'est la vie, il est temps de **sortir**, Kouri ! »

Les trois boîtes magiques
de Yak Rivais

Son **cerf-volant** sous le bras, Noëlik part à la recherche du **vent**. Ses pas le conduisent chez les **korrigans**, des lutins qui fabriquent le vent. Ces derniers lui offrent une **boîte magique** : que contient-elle ?

fantastique

Le mystérieux chien de la mer
de Freddy Woets, illustré par Pierre Mornet

Hannah vit sur une **île** en Ecosse. Un jour où la **tempête** fait rage, malgré l'interdiction de son père, elle sort avec son **chien** Fagh. Son fidèle compagnon l'entraîne alors vers la **mer déchaînée**...

Le château des enfants gris
de Christian Grenier, illustré par Emmanuelle Lattion

Orphée ne voulait pourtant pas suivre Mic ! Mais sa **curiosité** est plus forte. Au détour d'un lac, Orphée et Mic découvrent un **étrange** château. Deux drôles d'**enfants** y habitent...

C'EST LA VIE !

Si j'avais un copain grand et fort
de Catherine Missonnier, illustré par Marc Boutavant

David se trouve trop petit, trop maigre et pas assez **courageux**. Difficile de se **défendre** contre les plus forts de la **classe**. À moins d'avoir un **ami** costaud…

Le goût du ciel
de Gérard Moncomble, illustré par Sébastien Mourrain

Louis et Martha sont très **fiers** de leur petit Jean. C'est un adorable **bébé** joufflu, qui gazouille, gigote et tout et tout. Sauf qu'un jour, hop, il **s'envole** !

MYSTÈRE

Le maître des cavernes
de Rose-Claire Labalestra, illustré par Marjorie Pourchet

Avec sa barbe et ses cheveux longs, le remplaçant de la maîtresse est un **personnage** vraiment **étrange**. De plus, une hache et une grosse touffe de poils dépassent de son cartable ! Effrayés, mais dévorés de **curiosité**, Johanna et Kévin sont bien décidés à mener leur **enquête**…

Trouillard !
de Thierry Lenain, illustré par Philippe Poirier

Je n'ai pas pu m'empêcher de **hurler** ! Et ce n'est pas parce que je suis **trouillard**. Mais quand j'ai senti le souffle chaud remonter le long de mon bras, j'ai bien cru que ma **dernière heure** était arrivée.